아담은
역사적 인물인가?

Did Adam Exist?

번 S. 포이트레스 지음 | 김희범 옮김

개혁주의신학사

CRP(Covenant and Reformed Publishing)
개혁주의신학사는 개혁신학과 언약신학에 관한 기독교 서적을 출판하는 출판사이며, 자유주의 신학과 다원주의 신학을 배척하며 순수한 기독교 신앙을 보수하기 위하여 설립된 문서선교 기관이다.

Did Adam Exist?
Christian Answers to Hard Questions

Written by
Vern S. Poythress

Translated by
Hee Beom Kim

Copyright © 2014 by Westminster Theological Seminary
Originally published in English under the title
Did Adam Exist?
by P&R Publishing Company,
Translated and used by the permission of
P&R Publishing and Westminster Seminary Press, LLC.
P&R Publishing Company, P.O. Box 817, Phillipsburg, New Jersey
08865–0817.

All rights reserved.

Korean Edition
Copyright © 2018 by Covenant and Reformed Publishing
Seoul, Korea

아담은 역사적 인물인가?
(Did Adam Exist?)

추천의 글 1

성영은 박사
서울대학교 화학생물공학부 교수

우리는 과학을 진리의 척도로 여기는 시대를 살고 있다. 이런 시대 조류 때문에 다들 성경 역시 과학의 검증을 받아야 한다고 생각한다. 과학을 높이고 성경이 그 아래 있는 것으로 여기는 경향은 심지어 신앙인에게서도 보인다. 신자들조차 과학으로부터 성경의 권위를 인정받으려 할 뿐 아니라 성경이 과학적으로 틀리지 않았다는 말을 듣고 싶어 한다.

그러나 '오직 성경' 혹은 '오직 말씀'은 이런 과학 시대에도 변함없는 진리이다. 이는 신앙으로, 더 구체적으로는 성경으로 과학을 봐야 한다는 말이다.

본서는 성경으로 과학을 본다는 것이 무엇인지 구

체적인 사례를 통해 잘 보여주는 책이다. 저자인 미국 웨스트민스터신학교 포이트레스 교수는 수학박사이면서 신학박사로서 본서에서 위에 제기한 신앙과 과학의 문제를 균형 있게 다루고 있다.

본서는 현대 과학이 인간 진화의 증거로 드는 인간과 유인원의 99% DNA 유사성에 의문을 제기하는 것으로 시작한다. 그러면서 DNA의 유사성으로부터 통계 수치적으로 거슬러 올라가 성경에서 말하는 인류 조상인 아담과 하와의 존재를 부정하는 논리가 타당한지 묻는다.

보통 현대인은 과학이 어떤 주장을 하면 이를 과학적 진리로 인정하려는 경향이 강하다. 그러나 저자는 꼼꼼히 따지고 묻는다. 과학으로 묻고 또 신앙으로 묻는다. 포이트레스 교수처럼 과학이 어떤 주장을 할 때 그 내용을 먼저 잘 이해하는 것은 아주 중요한 태도다. 그리고 저자는 이에 대해 성경으로 말한다.

그렇지만 그는 성경의 진리가 무조건 옳다는 식으로 쉽사리 결론을 내리는 대신에 우리의 성경 해석이 옳은지 겸손히 물으면서 여러 해석 가능성에 문을 열

어둔다. 질문들을 통해 독자들로 하여금 과학의 발견을 존중하되 그 발견이 얼마든지 하나님의 창조를 지지할 수 있음을 자연스럽게 깨달아 나가도록 돕는다.

필자는 2014년 1월 한국을 방문한 저자의 강의를 통역한 적이 있다. 저자가 한국에 머무는 기간 동안 그분을 만나 대화할 기회가 몇 번 있었는데, 그 기회를 통해 신앙과 과학을 대하는 그분의 겸손한 태도를 잘 알 수 있었다.

본서에서 독자들이 저자의 그런 태도를 찾아낼 수 있기를 바란다. 과학이 성경을 함부로 평가하고 우습게 여긴다고 해서 과학 자체를 우리의 싸움의 대상으로 여기는 것은 옳지 않다. 원래 하나님의 창조 세계의 귀한 선물인 과학을 타락한 인간이 하나님을 대항하는 수단으로 변질시켰다는 사실을 인식하고, 신자인 우리는 과학에 대해서나 성경해석에서 겸손한 태도를 지니고 여유 있게 대할 필요가 있다.

이렇게 과학이 만연한 시대에 복음을 전하고 말씀을 굳게 세우기 위해서는 하나님이 우리에게 주신 과학의 역할과 목적에 대한 바른 인식이 필요하리라 본다. 한국에서 했던 그의 강의 중에는 필자와의 공저로 출판된 것도 있지만, '신앙과 물리 및 화학,' '신앙과 수학' 등 다른 두 강의는 아쉽게도 아직 출판되지 못했다.

본서를 계기로 그의 신앙과 과학에 대한 여러 저서가 한국에 소개되기를 바라는 마음이다.

추천의 글 2

김 진 수 박사
합동신학대학원대학교 구약학 교수

기독교 신앙은 윤리적 교훈이나 철학적 사상 위에 세워진 것이 아니다. 그것은 성경에 기초한다. 성경은 기독교 신앙의 유일한 근거다. 교회는 처음부터 성경을 하나님의 말씀으로 받아들이고 믿었다.

이는 성경이 스스로에 대해 하나님의 영, 곧 성령의 영감(inspiration)으로 기록된 하나님의 말씀이라고 증언하기 때문이며, 같은 하나님의 영에 감동된 성도 가운데 이 진리가 하나님의 말씀으로 공명(共鳴)되기 때문이다.

따라서 권세 있는 하나님의 말씀으로서 성경의 가치가 부인되면 기독교 신앙은 설 자리를 모두 잃는다.

성경을 하나님의 말씀으로서 존중한다는 것은 성경이 가르치는 내용뿐만 아니라 성경이 그 내용을 가르치는 방식까지 존중한다는 뜻이다. 성경은 세상의 기원에 대해, 인간의 타락에 대해, 타락한 인간을 구원하기 위한 하나님의 놀라운 사랑에 대해 '역사 서술'이란 방식을 사용하여 가르친다.

즉, 기독교 신앙의 중요한 내용에 대한 성경의 계시가 개인, 가정, 부족, 민족, 국가를 아우르는 '역사적 실재'(historical reality)를 서술하는 방식을 통해 이루어진다는 말이다. 이런 까닭에 성경의 가르침은 그야말로 인간 삶의 실재를 파고들어 그것을 송두리째 변화시키는 힘을 갖는다.

하지만 이런 전통적 기독교 신앙이 강하게 도전받고 있는 것이 오늘의 형편이다. 성경의 '역사적 진리 주장'(historical truth claim)을 평가절하하거나 아예 부정해 버리는 일이 학자의 연구실을 넘어 교회의 문턱까지 밀려 오고 있다. 특히 성경이 증언하고 있는 인간의 창조에 대해 회의적인 시각이 점차 세력을 얻어가고 있다.

그 이유는 기원의 문제를 말 그대로 '우연'이 지배하는 점진적 과정의 산물로 보는 진화론(evolutionism)의 영향 때문이다. 얼마 전 세상을 떠들썩하게 했던 '인간 게놈 프로젝트'(Human Genome Project)는 인간과 침팬지의 유전자 정보가 99퍼센트 일치한다고 밝힘으로써 현 인류가 진화의 결과라는 주장에 힘을 실어 주고 있다.

교회의 신앙에 대한 이런 도전은 사실상 새로운 것이 아니다. 이런 도전은 인류 역사가 오래된 만큼이나 오래된 것이며, 교회는 이 도전을 오히려 하나님의 말씀으로 성경의 권위를 새로운 차원에서 재확인하는 계기로 삼았다. 하지만 진화론의 도전은 분명히 가벼운 상대가 아니다.

오늘을 살고 있는 우리 중 누구도 과학의 힘과 중요성을 무시할 수 없다. 우리 모두 어려서부터 과학적 사고에 길들여 있고, 과학이 쌓아 올린 굉장한 결과물을 눈으로 목격하고 있다. 이런 우리에게 진화론이 과학이란 이름을 내걸고 걸어오는 도전은 생각보다 만만치 않다.

초등학생부터 시작하여 대학생과 일반인에 이르기까지 그들이 배운 과학은 창세기 1~3장에 기록된 인류의 기원 이야기를 비과학적인 것으로 거부하게 만든다.

그럼에도 불구하고 교회의 신앙은 안전하다. 이 신앙은 성경이 기록되도록 하신 그 하나님으로부터 말미암은 것이기 때문이다. 하나님은 여러 방식을 통해 교회를 보호하시고 교회의 신앙을 돌보신다는 것이 성경의 가르침이다.

필자는 포이트레스(V. S. Poythress) 교수가 쓴 글 『아담은 역사적 인물인가?』(*Did Adam Exist?*)도 하나님이 사용하시는 그런 방편 중 하나라고 믿는다.

포이트레스 교수는 미국 웨스트민스터신학교에서 오랫동안 신약학을 가르쳐온 신학자이면서 하버드대학교에서 수학으로 박사학위를 받은 과학자이기도 하다. 그는 훈련받은 과학자의 눈으로 인간의 기원에 대한 진화론의 논리를 분석하고 신학자의 혜안으로 그것을 평가할 수 있는 위치에 있다.

포이트레스 교수는 본서에서 진화론을 신봉하는

사람들이 전혀 편견 없이 과학적 사실인 양 내세우는 논리 이면에 감추어진 사상적 편향을 하나씩 들추어 낸다.

포이트레스 교수의 글은 분명 진화론의 도전 앞에 길을 찾는 많은 분에게 믿을 만한 길잡이가 될 것이라고 확신한다. 그의 글은 비록 간결하지만 과학적 전문성과 신학적 사고의 깊이를 두루 갖추고 있다.

또한 모든 좋은 글이 그러하듯 글의 내용도 누구나 이해할 수 있을 만큼 쉽게 쓰여졌다. 여기에는 한 문장 한 문장 꼼꼼하게 번역한 번역자의 수고도 한몫을 했다고 본다.

아무쪼록 이 귀한 글이 많은 분에게 읽혀져서 인간의 창조에 대해 가르치는 성경 말씀의 권위가 한국 교회에 더욱 견고히 세워지기를 기대하며 기쁨으로 추천한다.

저자 서문

번 S. 포이트레스 박사
Westminster Theological Seminary 신약학 교수

아담과 하와는 실제 인물인가?
과학은 "그렇지 않다"고 주장하는가?

인간 게놈 프로젝트(The Human Genome Project)로 인해 인간 DNA에 담긴 정보와 관련하여 무수한 데이터가 생겨났다. 여러 매체들과 과학자들은 이 자료를 근거로 유인원이 우리의 조상이라 주장한다.

우리는 이러한 주장을 어떻게 평가해야 할까?

제한된 지면 위에서 모든 주장과 증거를 세밀하게 살펴보기는 불가능하다. 그러나 주된 쟁점 몇 가지를 요약하고 독자에게 더 폭 넓고 깊이 있는 읽기 자

료를 소개하는 것은 가능하다. 어떤 글은 "아담이 역사적 인물이었는가"에 대한 성경적, 신학적 근거를 논한다.[1] 그러나 본서에서는 과학에 호소하는 논점에 집중할 것이다.

---

[1] 특히 다음 논문을 참조하라. J.P. Versteeg, *Adam in the New Testament: Mere Teaching Model or First Historical Man?*, Translated and with foreword by Richard B. Gaffin Jr., 2d ed. (Phillipsburg, NJ: P&R Publishing, 2012).

역자 서문

김희범

 기독교의 창조 신앙이 세상의 과학과 진화론의 '소위' 객관적이라 불리는 자료에 매몰되어 가고 있다. 이러한 상황에서 포이트레스 교수의 『아담은 역사적 인물인가?』(*Did Adam Exist?*)는 어두운 현실을 밝히는 시원한 한 줄기 빛과 같다.

 인간의 기원에 대한 편파적인 자료만 과학으로 둔갑되어 소비되는 이 시대에, 역자는 이 저작이 한국교회는 물론이고 많은 비기독교인에게도 균형 잡힌 시각을 열어줄 것이라 확신한다.

 본서는 스스로를 안내서라 부른다. 따라서 인간 기원과 관련된 이슈를 소개하고, 심도 있는 공부를 하고자 하는 이에게는 그에 합당한 자료를 소개해 주는 것을 목표로 한다.

그럼에도 불구하고 본서를 읽다 보면, 짧은 지면 위에 생각보다 많은 내용이 담겨 있음을 발견하게 된다. 과학과 신학의 영역에서 축적된 방대한 지식 위에 풀려가는 사고의 타래는 일반 독자가 따라가기에도 명쾌하다.

포이트레스 교수는 탁월한 필력으로 주저 없이 웅덩이 속으로 팔을 뻗어 정확하게 오염의 원인을 건져 올린다.

세상에 난무하는 과학 자료의 본질을 꿰뚫고 근본적인 문제를 시원하게 건드려 주는 내용이 군더더기 없고 담백하게 느껴진다. 각 이슈에 성경적으로 접근하는 시각 또한 배울 점이 많다. 단락이 끝나는 지점에는 '넘어가기 전에'가 배치되어 있어, 독자가 읽은 내용을 정리하고 내면화하여 깊고 창의적인 사고를 할 수 있도록 돕는다.

'넘어가기 전에'가 던지는 질문은 특성상 여럿이 같이 읽고, 서로 묻고 서로 답하는 것이 효과적이기에 그룹 스터디에도 적합한 책자라 여겨진다.

  부족한 번역임에도 기꺼이 추천사를 써 주신 서울대학교 성영은 교수님과 합동신학대학원대학교 김진수 교수님께 진심으로 감사드린다. 두 분 교수님의 추천은 역자에게 크나큰 영광이다. 이 번역이 21세기를 살아가는 많은 깨어 있는 독자에게 도움이 되고 기쁨이 되기를 바라며, 무엇보다 하나님께서 당신의 나라를 위해 사용해 주시기를 기도한다.

아담은 역사적 인물인가?
(Did Adam Exist?)

C·O·N·T·E·N·T·S

추천의 글 1(성영은 박사/서울대학교 화학생물공학부 교수) × 5
추천의 글 2(김진수 박사/합동신학대학원대학교 구약학 교수) × 9
저자 서문 × 14
역자 서문 × 16

1. 99%의 공통 DNA × 22
2. 또는 그 이하 × 29
3. 데이터 해석의 도전 × 32
4. 목적이 없다? × 36
5. 점진주의 × 41
6. 증거의 해석 × 46
7. 기적과 연대성 × 55
8. 퍼센테이지가 정말 중요한가? × 60
9. 쓰레기 DNA × 64
10. 틀의 기능 × 68

11. 비기능성이 중요한가? ✕ 74
12. 최소 인구 병목 ✕ 78
13. 아담과 하와는 얼마나 오래 살았는가? ✕ 91
14. 분석의 세 가지 측면 ✕ 95
15. 헌신 ✕ 99
16. 인간 창조 이해하기 ✕ 103

더 읽을 책 ✕ 107

1. 99%의 공통 DNA
(99 PERCENT COMMON DNA)

일반적으로 자주 인용되는 통계로 시작하자. 인간의 DNA와 침팬지의 DNA는 99% 일치한다고 한다. 2005년 「코넬대학교 뉴스서비스」(*Cornell University News Service*)는 다음과 같이 보도했다.

> 침팬지와 인간은 공통된 조상을 가지며, 오늘까지도 두 종의 DNA는 99%의 일치를 보인다.[1]

---

1 Krishna Ramanujan, "Genetic Divergence on Man from Chimp Has Aided Human Fertility but Could Have Made Us More Prone to Cancer, Cornell Study Finds," Cornell University News Service, May 13, 2005, http://www.news.cornell.edu/stories/May05/Chimps.

2010년 샌프란시스코에 있는 「캘리포니아대학교 뉴스센터」(*University of California at San Francisco News Center*)도 같은 수치를 언급했다.

> 침팬지와 인간의 유전 암호는 99% 동일하다.[2]

2005년 미국 「국립보건원뉴스」(*National Institute of Health News*, 이하 NIH)는 다음과 같이 보도했다.

> 현존하는, 우리의 가장 가까운 동족은 우리의 DNA 염기 서열과 96% 완벽하게 일치한다.[3]

---

kr.html (2012년 9월 19일 접속). 2013년 6월 19일부터 원래의 게시물을 인터넷에서 찾을 수 없게 되었다. 그러나 동일한 인용문을 포함한 "개요"는 다음에서 찾아볼 수 있다. http://vivo.cornell.edu/display/individual11525.

[2] Jeffrey Norris, "What Makes Us Human? Studies of Chimp and Human DNA May Tell Us," UCSF News Center, June 28, 2010, http://www.ucsf.edu/news/2010/06/5993/what-makes-human-studies-chimp-and-human-dna-may-tell-us (2012년 9월 19일 접속).

[3] "New Genome Comparison Finds Chimps, Humans Very Similar at the DNA Level," *NIH News*, August 31, 2005, http://www.ge-

하지만 이러한 주장을 평가하기란 생각보다 쉽지 않다. NIH는 99% 대신 96%라는 수치를 언급했다. 왜 그랬을까?

NIH의 같은 기사를 읽어 내려가다 보면 99%라는 수치 또한 언급된다. 따라서 각 수치에 오류가 있는 것은 아니다. 사실, 알고 보면 99%라는 수치는 몇 가지의 제한을 두고서야 산출이 된다.

(1) DNA에서 반복적으로 나타나는 부분은 무시한다.
(2) 서로 자연스럽게 나란히 '정렬'(align)시킬 수 있는 배열 순서만 비교한다.
(3) 염기쌍치환(base-pair substitution)만 고려하고 "삽입-결실"(Indel)(아래를 보라)은 고려하지 않는다.

---

nome.gov/15515096 (2012년 9월 27일 접속).

※ 넘어가기 전에

① 인간과 침팬지의 DNA가 99% 일치한다는 잘 알려진 통계를 살펴볼 때 우리는 어떤 사실을 알게 되는가?

② 이러한 발견을 고려할 때 일반적으로 보도되는 과학적 주장을 어떤 태도로 받아들여야 할까?

③ 당신은 DNA에 대해 얼마나 알고 있는가? 당신이 DNA에 대한 정보를 평가함에 있어 위의 내용은 어떤 도움이 되는가?

이러한 방식의 비교는 굉장히 까다롭다. DNA 가닥 간에 여러 종류의 대응과 비대응이 있을 수 있기 때문이다.

간략하게 몇 가지 이슈만 소개하겠다. 분자 구조의 차원에서 DNA는 4개의 "문자"(letter)로 구성된 "암호"(code)를 갖는다. 바로 ACGT이다(각 문자는 서로 다른 성분을 가

리킨다: 아데닌[adenine], 시토신[cytosine], 구아닌[guanine] 그리고 티민[thymine]).

DNA 암호는 ATTGTTCTCGGC와 같은 문자의 특정한 순서를 통해 아미노산의 정확한 배열을 지정하고, 그 아미노산이 단백질을 구성하게 된다.[4]

인간과 침팬지, 양측 DNA에서 동일한 문자 배열이 발견될 때 우리는 그것을 '정렬된다'(align)라고 말한다.

인간	G-C-C-G-A-T-A-A-G-C-A-C
침팬지	G-C-C-G-A-T-A-A-G-C-A-C

치환(substitution)이라고 불리는 변형된 형태가 있는데, 이는 배열의 한 지점에 서로 다른 문자가 있는 경우를 말한다.

---

[4] 그러나 어떤 DNA는 단백질 생성을 위한 암호화 기능과는 다른 기능을 갖는다. 이하를 보라. DNA에 대해 보다 자세히 설명해 놓은 자료가 많다. 가령, Stephen C. Meyer, *Signature in the Cell: NDA and the Evidence for Intelligent Design* (New York: HarperOne, 2009).

인간	G-C-C-G-A-T-A-A-G-C-A-C
	| | | | | | | | | |
침팬지	G-C-C-G-A-G-A-A-G-C-A-C

(배열 중간에 T가 G와 대응하지 않는다)

삽입-결실(indel: insertion/deletion)이라는 변형도 있다. 삽입-결실은 한 쪽의 염기 순서에 문자들이 연속으로 추가되어 있는 것을 말한다.

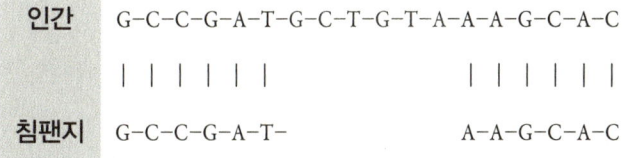

만약 비교작업에서 정렬을 맞춘 단백질-코딩 영역의 치환에만 초점을 맞춘다면, 일치율은 99퍼센트다. 삽입-결실은 약 3%의 추가적 차이를 유발하기 때문에 앞의 1%에 더해 96%라는 NIH의 수치가 산출되는 것이다.

※ 넘어가기 전에

① DNA 가닥 사이의 세 가지 대응과 비대응은 무엇인가?

② 99%라는 통계는 어떻게 산출된 것인가?
96%라는 통계는 어떤가?
치환과 삽입-결실의 차이는 무엇인가?

2. 또는 그 이하
(OR LESS)

이제 막 시작일 뿐이다. 96%라는 수치는 정렬이 가능하거나 부분적으로 대응되는 염기서열이 있는 DNA 영역만 다룬다. 그런데 알고 보면 인간 DNA의 모든 영역이 침팬지의 DNA와 정렬되는 것은 아니다.

2002년 어느 학술 자료는 전체 DNA의 28%가 정렬의 문제로 연구 대상에서 제외되었으며, "침팬지 염기서열의 7%에 대해 인간 게놈에서는 어떤 유사 영역도 발견할 수 없었다"[5]라고 보도했다. 그리고 심

---

5   Ingo Ebersberger et al., "Genomewide Comparison of DNA Sequences

지어 정렬이 된다 하더라도 침팬지가 아닌 다른 영장류의 DNA와 일치율이 더 높을 수도 있다.

> 우리는 게놈의 약 23%에 대해서는 현존하는 우리의 가장 가까운 동족, 침팬지와 직접적인 유전적 조상을 공유하지 않는다. 이는 유전자 간 부위(intergenic region)만큼이나 유전자(gene)와 엑손(exon)에 대해서도 그렇다.[6]

문제의 연구는 오랑우탄, 고릴라 그리고 붉은털원숭이와 인간 DNA의 유사성을 분석했으며, 경우에

---

between Humans and Chimpanzees," *American Journal of Human Genetics* 70, 6 (June 1, 2002): 1492-93, http://www.cell.com/AJHG/abstract/S0002-9297%2807%2960701-0 (2012년 9월 19일 접속).

[6] Ingo Ebersberger et al., "Mapping Human Genetic Ancestry," *Molecular Biology and Evolution* 24, 10(2007): 2266, http://mbe.oxfordjournals.org/content/24/10/2266.full.pdf (2012년 9월 19일 접속); 다음 글에서 참조되었다, Casey Luskin, "Study Reports a Whopping '23% of Our Genome' Contradicts Standard Human-Ape Evolutionary Phylogeny," *Evolution News*, June 3, 2011, http://www.evolutionnews.org/2011/06/study_reports_a_whopping_23_ofo47041.html (2012년 9월 19일 접속).

따라 동물 중에서 침팬지보다 인간과 DNA 정렬이 더 잘 되는 경우도 있었다.

※ 넘어가기 전에

① 96% "일치"(identical)하는 유전자 암호에 대해 어떤 새로운 이슈들을 발견했는가?

   이 발견은 상황을 어떻게 바꾸어 놓는가?

② 인간과 DNA 정렬이 가장 잘 되는 것이 언제나 침팬지인가?

   이 사실이 우리가 처음으로 살펴본 통계에 대한 당신의 태도에 영향을 미치는가?

3. 데이터 해석의 도전
(THE CHALLENGE OF INTERPRETING DATA)

인간 게놈 프로젝트와 침팬지를 비롯한 여러 동물을 다루는 유사 프로젝트에서 얻어지는 데이터는 해석의 과정을 거쳐야 한다. 데이터가 알아서 스스로를 해석하는 것은 아니다.

우리가 다룬 유사성은 어떤 의미를 갖는가?

이 자료들이 실제로 인간이 유인원에서 기원했음을 보여주는가?

우리가 벌거벗은 원숭이보다 크게 나을 게 없음을 함축하는가?

우리가 인간으로서 어떤 존재인지 알려주는가?

유전 정보와 생물학적 기원을 해석할 때 활용되는

지배적 틀(framework)은 다윈주의(Darwinism)이다. 다윈주의는 단순히 개를 사육하고 초파리의 유전자 변이가 어떤 형태로 드러나는지를 연구하는 차원이 아니다.[7] 다윈주의는 살아있는 모든 것이 순전히 점진적인 과정(gradualistic process)에 의해 존재하게 되었다고 주장한다.

대중과 심지어 많은 과학자의 생각에 따르면, 다윈주의는 또한 이 긴 변화과정이 누구의 인도나 목적 없이 일어났다고 추정한다. 즉, 신은 일하지 않는다. 신이 존재한다고 할지라도 말이다.

다윈주의를 인류 기원에 대한 논의에 적용시키게 되면 우리는 단지 우연에 의해 여기 있는 것이며 우리의 종 또한 순전한 우연의 결과가 된다. 다윈주의는 초자연적 설계자에 의한 설계를 배제한다. 또 원리상 다음 사건 양상도 모두 배제한다.

---

7 **진화**의 다양한 의미를 명확하게 설명해 주는 자료로는 다음을 참조하라. John C. Lennox, *God's Undertaker: Has Science Buried God?* (Oxford: Lion, 2009), 100-108.

(1) 무생물에서 새로운 생명체로의 직접적 창조.
(2) 여러 개의 동시다발적인 돌연변이 현상이나 생세포의 대규모 계량(reorganization)으로 인한 급작스러운 생명의 기원.
(3) 현실적으로 보았을 때 어떠한 설계자의 존재 없이 이루어질 수 없는 사건 등.

우리는 다윈주의가 하나의 틀로서 갖는 영향력을 고려하지 않을 수 없다. 사람들은 바로 이 틀에 따라 유전적 유사성을 해석하기 때문이다.

분명 유사성은 존재한다.

이는 의심할 여지가 없다.

하지만 그것이 의미하는 바가 무엇인가?

※ 넘어가기 전에

① 과학 데이터는 스스로를 해석해 주지 않는다.
만약 그런 일이 발생한다면 어떻게 될까?
실상이 그렇지 않다.
그렇다면 우리는 어떻게 해야 하는가?

② 필자가 다원주의를 **틀**이라 한 것은 어떤 의미인가?

③ 생물에 대한 다원주의의 가장 기본적인 주장은 무엇인가?
사람들은 대게 어떠한 주장까지 다원주의로 보는가?
이러한 다원주의 브랜드는 무엇을 배제하는가?

4. 목적이 없다?
  (NO PURPOSE?)

먼저, 우리는 두 가지 이슈를 구분해야 한다.

(1) 목적(purpose).
(2) 점진적 과정(gradual process).

이 둘은 다르다.

성경에 따르면, 하나님께서 이 세상을 섭리 가운데 계속해서 통치해 나가신다. 즉, 하나님께서는 일상적이고 점진적인 과정에 긴밀히 개입하신다. 그분의 임재는 기적이나 어떤 이례적인 사건에 국한되지 않는다. 다음 성경구절은 이러한 개입(involvement)을 그리고있다.

> 여호와께서 샘을 골짜기에서 솟아나게 하시고
> (시 104:10).

> 그가 가축을 위한 풀과 사람을 위한 채소를 자라게 하시며 땅에서 먹을 것이 나게 하셔서(시 104:14).

> 주께서 흑암을 지어 밤이 되게 하시니(시 104:20).

> 주의 영을 보내어 그들을 창조하사 지면을 새롭게 하시나이다(시 104:30).

특히, 하나님께서는 어머니의 태 중에 역사하셔서 사람의 생명을 지으신다.

> 주께서 내 내장을 지으시며 나의 모태에서 나를 만드셨나이다(시 139:13).

샘솟는 물, 자라는 풀, 어둠이 찾아오고 동물이 태어나고 사람이 잉태되고 태어나는, 이 사건에 작용하는 제2원인에 더해 하나님께서는 제1원인으로 역사하신다.

그분께서는 이 모든 일 가운데 목적을 갖고 계신다. 성경적 관점에서 제2원인에 대한 과학적 분석은 하나님께서 **어떻게** 당신의 목적을 이루어 가시는지 밝히는 작업이다.

그분은 점진적인 과정을 통해 그렇게 하신다.

자, 이제 논의를 위해 학문적 주류를 이루는 점진주의(gradualism)가 옳다고 가정해보자.

즉, 모든 생물이 순전히 점진적인 과정을 통해 생겨났다고 가정해보자.

이러한 사실은 만사를 당신의 목적을 위해 이루시는 하나님의 이미지와 전적으로 호환 가능하다.[8]

다윈주의에서 과정이 **"무목적적"**(purposeless)이라 했을 때는 다음을 의미한다.

---

8   이와 유사하게 Alvin Plantinga는 인도를 받은 진화와 인도를 받지 않은 진화를 구분한다. *Where the Conflict Really Lies: Science, Religion, and Naturalism* (Oxford: Oxford University Press, 2011), 16-17, 39, 55, 63.

좁은 의미의 과학적 연구는 과정만 밝힐 수 있으며 목적을 식별하기에는 적합하지 않다.

그러나 대중은 그렇게 생각하지 않는다. 이들은 다윈주의에 훨씬 많은 의미를 부여하며, 다윈주의에는 과정의 무목적성이 확고히 확립되어 있다고 생각한다.

이는 과학이 제시하는 증거와 과학의 능력을 뛰어넘는 추장이다. 이것은 실로 철학적이며 종교적인 주장이다.

만약 누가 이러한 주장을 한다면, 그는 하나님이 존재하지 않음을 이미 알거나 믿어야 할 것이다. 또는 하나님이 점진적인 과정 속에 목적을 두실 수 없음을 알거나 믿어야 할 것이다. 이런 믿음이 슬쩍 섞여 들어오는 것이다. 아무렇지 않게 말이다.

이 믿음은 결코 과학 데이터만 가지고 추론된 것이 아니다.

무엇보다 목적 없음에 대한 믿음은 잠재적으로 과학적 연구에 반영(feedback)될 우려가 있으며, 과학적 해석에 영향을 끼칠 수도 있다. 만약 신이나 목적이 존재하지 않는다면 점진주의가 유일한 선택지가 되고 지지자들은 그것에 무비판적으로 매달릴 수 밖에 없을 것이다.[9]

※ 넘어가기 전에

① 성경은 하나님께서 어떤 방식으로 세상에 개입하신다고 설명하는가?
   만약 하나님이 제1원인이라면, 제2원인은 왜 그리고 어떻게 작용하는가?

② 어떤 것이 목적이 없음을 어떻게 알 수 있는가?
   만약 목적이 없다는 것을 믿는다면, 어떤 선택 가능성이 있는가?

---

[9] Lennox, *God's Undertaker*, 96-99.

5. 점진주의
(GRADUALISM)

두 번째 이슈인 점진주의에 대해 생각해보자.

성경에 따르면 하나님께서는 당신이 원하는 대로 역사하실 수 있다. 대개의 경우 그분께서는 우리가 관찰했듯 점진적인 과정을 통해 역사하신다. 이런 과정의 규칙성은 하나님의 신실하심을 반영한다.

그러나 그렇다고 해서 하나님이 이 과정 속에 갇히는 것은 아니다. 애초에 과정을 확립하는 것이 세상에 대한 그분의 통치이다.[10] 하나님은 언제든지 예외

---

10 Vern S. Poythress, *Redeeming Science: A God-Centered Approach* (Wheaton, IL: Crossway, 2006), esp. chap. 1.

적으로 역사하실 자유가 있다.

과학의 실험적 측면은 그분의 통치가 갖는 규칙성에 근거한다. 올바르게 이해하자면, 과학은 하나님 아래 놓여있는 것이지, 주제넘게 하나님이 어떻게 '해야만 한다'고 지시할 수 없다. 과학은 예외를 금지하지 못한다.

따라서 일회적인 사건, 반복될 수 없는 일, 가령 우주의 기원이나 첫 생명의 기원, 인간의 기원 같은 사건에 대해서는 예외라는 것이 가능하다. 하나님께서 일반적인 통치 수단으로 사용하시는 점진적 과정에는 예외가 있을 수 있다.

※ 넘어가기 전에

① 세상에 대한 하나님의 통치가 어떻게 과학을 가능하게 하는가?

② 하나님께서 "예외적인 방식으로"(exceptionally) 역사하

실 수 있고 또 실제로 역사하신다는 것은 무엇을 의미하는가?

하나님의 예외적인 역사 방식과 과학은 어떤 관계에 있는가?

다원주의의 주류를 대표하는 학자들이 이제는 습관적으로 하는 말이 있다.

예외의 가능성에 대해 논하는 것은 과학이 아닌 종교의 영역이다.

물론 이는 과학을 어떻게 정의하는가에 달려 있다. 그러나 이는 또한 종교를 어떻게 정의하는가에도 달린 문제다.

만약에 다원주의가 생명의 기원과 관련된 모든 사건을 무목적적이라 한다면, 이는 하나님의 개입을 부정하는 유사종교적(quasi-religious) 발언이다.

만약에 점진주의에는 어떤 예외도 있을 수 없다고 주

장한다면, 이 또한 하나님이 생명에 어떻게 관여하실지 이미 안다고 주장하는 것으로 종교적 주장이 된다.

무신론도 하나님에 대한 발언, 즉 하나님이 존재하지 않는다는 발언이라는 점에서 "종교"다. 그리고 다원주의도 이러한 맥락에서 하나님의 개입에 대해 논하기에 "종교"인 것이다.

여기서 중요한 사실은 현대 주류 문화 속에서 다원주의는 종교적이라 **여겨지지** 않고 순전히 "중립적"이며 "과학적"인 것으로 이해된다는 사실이다.

왜 그런 것일까?

무목적성과 점진주의라는 종교적 추정이 전제라는 이름 하에 이미 "과학적" 이론 가운데 녹아 들었기 때문이다. 사람들은 으레 "과학은 원래 그런 거야"[11]라고 말할 뿐이다.

과학과 과학자의 문화적 위신 때문에 많은 사람이 현 상태를 유일한 가능성으로 곧이곧대로 받아들인다.

그러나 그 기저에 있는 전제를 의심할 때, 과학의

---

11 "방법론적 자연주의"에 대해 보려면 Ibid., chap. 19.

의미에 대한 다른 이해 방식 또한 있을 수 있음을 발견하게 된다.

과학은 하나님의 섭리적 통치 속에 드러나는 규칙성을 연구하는 학문이며, 신적 목적이나 예외적인 사건을 배제하는 전제를 두지 **않고서도** 연구 가능하다.

※ 넘어가기 전에

① 수 년 간 과학은 어떻게 정의되어 왔는가?

② 이 정의는 어떤 전제를 포함하는가?
   이런 전제는 종교적인가?
   과학적인가?
   아니면 둘 다인가?

③ 우리는 과학을 이런 식으로만 이해해야 하는가?
   그 외에 어떤 관점이 있는가?

6. 증거의 해석
(INTERPRETING THE EVIDENCE)

다시 돌아와서 인간과 침팬지 DNA의 유사성을 살펴보자.

이 증거가 의미하는 바가 무엇인가?

중요한 것은 어떤 틀을 사용해 증거를 해석하느냐다. 무목적성과 점진주의의 틀을 내세우는 다윈주의라면, 위의 유사성은 점진주의의 전형적인 상(picture)을 확증한다.

우리는 점진적으로 발생하는 일련의 변이(mutations)를 가정하게 되고 이 변이를 통해 공통 조상의 집단에서 점진적으로 원인(protohuman)과 원침팬지(protochimp)가 갈라져 나왔다고 생각하게 된다. 우리가 이미 틀을 갖고 있기에 증거는 그 틀을 확증해 줄 뿐이다.

반대로, 우리가 사용하는 틀이 하나님의 목적을 인정하는 틀이라 하자.

이 때 우리는 하나님께서 점진적으로든 예외적으로든 제약 없이 역사하실 수 있음을 가정한다. 어떤 방식을 사용하시든 DNA는 근본적으로 하나님의 설계(design)이며, DNA 유사성은 그분의 지적 설계(intelligent design)의 산물이다.

유사성과 차이 둘 다 하나님의 목적을 담고 있다(비록 우리가 하나님의 목적을 소상히 알고 있다고 여겨서는 안 되지만 말이다).

그리고 이것은 하나님의 지혜를 증명한다. 그분이 지금의 세상을 점진적 과정을 통해 만들어 내셨든, 하나 이상의 예외적인 사건을 통해 만들어 내셨든 말이다.

과학 데이터뿐만 아니라 하나님에 대해 우리가 아는 지식까지 고려하지 않고서 하나님께서 어떻게 하셨을 것이라고 함부로 주장해서는 안 될 것이다.

※ 넘어가기 전에

① 다윈주의를 구성하는 두 가지 근본적 요소는 무엇인가?
이 요소는 DNA의 유사성을 해석하는 일에 어떻게 활용되는가?

② 하나님의 존재를 인정할 때 취할 수 있는 두 관점은 무엇인가?
이 관점은 DNA 유사성을 해석하는 일에 어떻게 활용될 수 있는가?
이러한 틀을 사용할 때 우리가 피해야 할 근거 없는 추정은 무엇인가?

인간과 침팬지의 DNA 유사성은 단백질 부호화(protein-coding) 영역에서 가장 두드러지게 나타난다. 이는 설계(design)의 관점에서 설명할 수 있다. 단백질은 세포 내의 화학 조직(chemical machinery)을 이루는 근간이기 때문이다.

세포는 신진대사와 세포 분열을 할 때, DNA를 단백질로 변환할 때, 독(toxin)을 처리할 때, 그리고 주변 환경에 적응할 때 조직(machinery)을 필요로 한다.

이 조직은 수 많은 종들의 세포 속에서도 대개 동일한 일을 수행한다. 그렇기에 인간과 침팬지뿐만 아니라 생물의 세계를 통틀어 단백질이 유사성을 보이는 것은 놀랄 일이 아니다.

이러한 놀라운 유사성은 점진적 과정을 통해 생겨났을 수 있다. 하나님께서 그렇게 뜻하셨다면 말이다. 그러나 이는 오직 하나님께 달려 있는 일이다.[12]

현존하는 다윈주의의 틀을 고려할 때, 미디어가 단백질 부호화 영역에서 나타나는 두드러진 유사성을

---

12 DNA암호의 "중복성"(redundancy – "degeneracy"[겹침])으로 인해 CTT와 CTA같이 서로 다른 트리플릿(triplet)으로 구성된 서로 다른 두 개의 코돈(codon)이 동일한 아미노산을 구성할 수 있다. 류신(leucine)이 그 예이다. 서로 다른 코돈이 동일한 아미노산을 구성할 수 있음에도 불구하고 각 종은 같은 종류의 단백질을 구성할 때, 같은 위치에서 늘 같은 코돈만 재사용한다. 이러한 증거는 단순이 단백질이 동일한 기능을 수행한다는 식으로 설명될 수 없다. 추가적인 설명이 필요하다. 다윈주의는 당연하게도 공통 조상(common descent)과 점진적 개량(gradual modification)을 통해 이러한 필요를 충족시키려 한다.

집중적으로 보도하는 것은 당연하다. 이 자료가 다윈주의적 틀을 뒷받침한다 주장되기 때문이다.

DNA의 타 영역에서 발견되는 차이점이나 그로 인한 문제에 대해서는 대중 매체가 침묵한다. 그러면서 언젠가는 다윈주의의 동일한 틀로 해명되리라 기대할 뿐이다. 특별한 악의가 있는 것은 아니지만 증거는 자연스레 '여전히 문제가 있는 증거'가 아닌 "확증적"(confirming) 증거로 둔갑하여 홍보된다.

일반인은 이런 주장에 휘둘리기 전에 이 주장이 이 틀과 이 틀이 갖는 추정에 물들어 있는지 질문해보아야 할 것이다.[13]

---

13 해석 틀의 중요성은 다음에서 잘 설명하고 있다. Thomas S. Kuhn,, *The Structure of Scientific Revolution: 50th Anniversaryt Edition*, 4th ed. (Chicago: Uiversity of Chicago Press, 2012).

※ 넘어가기 전에

① 설계적 관점은 서로 다른 생명체의 DNA에서 발견되는 유사성을 어떻게 이해하는가?
  이런 유사성은 왜 놀랄 일이 아닌가?

② 다윈주의적 관점에서 DNA 유사성의 어떤 면이 놀랍지 않는가?
  차이점은 어떻게 받아들여지고 이해되는가?
  여기에 악의가 개입되었는가?

하나님께서 인간을 동물과 이토록 유사하게 창조하셨다는 것이 말이 되는가?

이는 전적으로 하나님의 소관이다.

만약 하나님이 유사성을 원한다면 원하시는 만큼의 유사성을 만드실 수 있다. 우리는 하나님의 행하심을 탐구해야지, 이미 모든 것을 알고 있다고 자만해서는 안 된다.

성경은 인체의 화학적 구성 같은 전문적인 과학을

다루지 않는다. 하나님께서는 성경을 모두를 위해 지으셨다. 그분께서는 말씀을 통해 자신을 계시하시고 우리의 실생활에 무엇이 중요한지 알려주신다.

성경은 대부분의 사람이 이해조차 못할 전문적인 세부 지식으로 독자를 압도하기 위해 지어지지 않았다. 그럼에도 불구하고 성경 속에 인간과 동물 세계의 유사성에 대한 단서가 있다는 것은 흥미로운 일이다.

창세기 2:7은 하나님이 인간을 창조하실 때 "사람이 생령이" 되었다고 기술한다. "생령"이라는 표현은 창세기 1:20, 21, 24이 동물을 묘사할 때 사용한 것과 같은 단어다.

사람이 "땅의 흙"(창 2:7)으로 지음 받았다는 표현도 신체의 보편적인 물질 성분(common material stuff)을 암시한다. 인간은 하나님의 형상을 따라 지어졌기에 다른 모든 동물과 구분되는 독특성(uniqueness)을 갖는다(창 1:28).

그러나 이 둘 사이에는 절대적 연대성(solidarity) 또한 존재한다. "하나님의 형상"이라는 말은 인간의 특별함을 강조한다. 하지만, 이 표현의 기저에도 유사성에 대한 인식이 깔려 있다.

성경은 아담이 "자기 형상 같은"(창 5:3) 아들을 낳았다고 한다. 아버지가 됨으로써 닮은 형상을 만들어 내는 것은 동물의 번식과 닮아 있다. 고대인 조차 이러한 사실을 관찰했다. 아버지됨의 일반적인 형식(pattern)은 성자와의 관계 안에서 성부가 되시는 하나님에게서 나온다.[14] 우리가 생명체에서 발견하는 모든 형태의 유사성은 이 신성한 원형(original pattern)과 유비관계(analogy)에 있다.

---

[14] Poythress, *Redeeming Science*, chap. 18을 보라.

※넘어가기 전에

① 하나님께서 인간을 동물과 유사하게 지으셨다는 것이 말이 되는가?
　성경은 그분이 어떤 방식으로 이를 이루었다 하는가?
② 성경의 목적은 무엇인가?
　전문 과학적 세부사항이 이 목적에 부합하는가?

7. 기적과 연대성
(MIRACLES AND SOLIDARITY)

연대성의 원리는 다른 곳에서도 발견된다. 요한복음 2:1-11은 예수님께서 물을 포도주로 바꾸시는 기적을 서술한다.

만약 그 때 한 과학자가 있어서 결과물을 시음해보았다 하자.

그 포도주의 맛과 향과 형태는 일반적인 포도주와 같았을까?

그 포도주의 화학적 구성도 일반적인 포도주와 같았을까?

자세히 알 수는 없지만, 하나님께서 기적을 행하실 때 결과물이 당신이 이미 만드신 세상에 자연히 어울

리도록 하셨으리라는 것은 분명히 합리적인 생각이다.

마태복음 1:18-25과 누가복음 1:34-37은 예수님이 처녀에게서 태어나셨음을 기록한다. 만약 어느 과학자가 예수님의 세포에 들어있는 DNA 샘플을 확인할 수 있었다 하자.

그는 여성에게는 없고 남성에게만 있는 평범한 인간의 Y염색체를 발견했을까?

성경은 이 정도로 자세한 내용을 직접적으로 다루지 않는다. 그러나 히브리서 2:14, 17; 4:15 등의 구절은 예수님께서 온전한 인간이셨음을 증언한다(물론 예수님의 온전한 신성을 말하는 구절도 있다. 예수님께서는 한 인격 안에 신성과 인성이라는 두 본성을 지니신 분이다. 이는 놀라운 신비다).

예수님의 온전한 인간됨이 Y염색체라는 세부 요소까지 포함한다는 추론은 합리적이다.

그렇다면 예수님의 Y염색체는 포유류의 일반적인 번식 과정을 거치지 **않고** 완전한 DNA일치를 이룬 사례가 된다.

이 일치는 기적의 산물이며, 신적인 의도를 담고

있다. 예수님께서는 온전한 인간이 되심으로 인류와 연대성을 가지셨다. 이로 인해 죄의 담당자(Sin-Bearer)와 대제사장으로 우리를 대표하실 수 있는 것이다.

> 그러므로 그가 범사에 형제들과 같이 되심이 마땅하도다. 이는 하나님의 일에 자비하고 신실한 대제사장이 되어 백성의 죄를 속량하려 하심이라(히 2:17).

(물론 원칙적으로 기적을 부정하는 이들은 물이 포도주가 된 것과 처녀가 잉태한 것을 인정하지 않을 것이다. 그러나 이는 또 다른 주제다. 하나님이시라면 당신의 뜻에 따라 기적을 행하실 수 있다는 것이다.)

예수님의 처녀 탄생은 굉장히 예외적인 사건임에 분명하다. 그러나 이는 한 가지 방식으로만 DNA 일치를 설명할 수 없음을 드러내는 증거이기도 하다.

인간이 동물과 갖는 연대성 또는 유인원과 갖는 연대성은 인간이 인간과 맺는 연대성과는 질적으로 다른 것이다. 그러나 각 상황에서 연대성의 대략적인

원리는 적용된다.[15]

블룸(John Bloom)은 아주 예리한 질문을 한다.

> 인간이 하나님께 직접 지음 받았다는 것을 증명하기 위해서 인간은 *반드시 달라야만 하는가?*[16]

대답은 "아니오"다.

---

[15] John Bloom은 요 2장에 등장하는 포도주를 언급하면서 어떤 생산물의 고유한 성격이 진짜임을 보장해 주는 특별한 행동을 몇 가지 제시한다. 비서가 작성한 편지를 직접 서명하는 회사의 회장이나 고대 근동에서 신전의 첫 벽돌을 직접 만드는 왕과 같은 예를 말한다. "On Human Origins: A Survey," http://www.asa3.org/ASA/education/origins/humans-jb.htm(2012년 9월 26일 접속).

[16] Ibid.(이탤릭체는 원문의 것이다).

※ 넘어가기 전에

① 연대성의 원리란 무엇인가?

이 원리는 기적적이고 예외적인 하나님의 역사 방식에 어떻게 적용되는가?

인간과 동물의 관계에는 어떻게 적용되는가?

② 하나님께서 인간을 직접 창조하셨다는 사실을 증명하기 위해 인간은 반드시 다른 동물과 다를 필요가 없다.

왜 그런가?

8. 퍼센테이지가 정말 중요한가?
(DO PERCENTAGES MATTER?)

자, 순전히 논의를 위해 다음을 가정해보자.

만약 인간의 DNA가 단일 베이스 치환(single base substitution)에서만 아니라 모든 DNA 사슬(DNA strands)에 걸쳐 침팬지의 DNA와 99% 일치를 보인다면, 무엇이 증명되는가?

다윈주의 틀에서 이러한 사실은 인간이 하나의 영장류에 지나지 않음을 증명할 것이다. 그러나 만약 하나님께서 존재하시고 인간에게 관심이 있으시다면, 정말로 그분이 성경의 기록대로 인간을 자신의 형상을 따라 특별하게 창조하셨다면(창 1:26-27),

그렇다면 인간 본성의 본질적 성격은 DNA의 화학

적 구성을 양적으로 비교한다 해도 밝힐 수 없을 것이다.

인간 본성에 대한 단순히 양적(quantitative)인 접근 방식은 유물론적 세계관의 핵심 요소이며, 이러한 세계관은 사실상 모든 것을 물질과 움직임(matter and motion)으로 축소시킬 뿐이다.

반면, 사람이 특별한 의미를 갖는 이유가 하나님께서 그를 만드셨기 때문이라면, 사람의 정확한 화학적 구성이 어떻든 크게 중요치 않다.

중요한 것은 사람이 하나님과 인격적인 관계를 맺을 수 있다는 것이다.

해석의 틀이 다르고, 따라서 인간의 중요성에 대한 평가도 상이하다. 유전적 유사성의 문제는 과학자에게 관심거리로 남겠지만, 이는 인간의 중요성에 관한 문제에 비해 절대적으로 부차적인 것에 불과하다.[17]

---

17 성경은 인간의 종교적 상태와 인간과 하나님의 관계에 초점을 맞춘다. 이 초점은 하나님, 인간의 죄 그리고 그리스도의 속죄를 이해함에 있어서 필수적인 것이다. 게다가 우리와 하나님의 인격적인 관계는 인류를 동물과 구별짓는 가장 중대하고 독특한 차이다. 인간의 종

※ 넘어가기 전에

① 다윈주의는 어째서 "인간 본성에 대한 지극히 양적인 접근" 밖에 할 수 없는가? 이는 무엇을 의미하는가? 이런 사고방식이 문제가 되는가?

② DNA 증거를 바라보는 관점이 설계적 틀(design framework)로 인해 어떻게 통째로 바뀌는가? 설계적 틀은 증거를 무시하는가?

교적 상태가 중요하다는 사실을 관찰한 일련의 저자들은 종교적 의식(consciousness)의 급작스러운 출현이나 인간을 신과 연관짓는 갑작스러운 시도, 또는 갑자기 나타난 최초의 신적 계시가 생물학적 차원에서 점진주의적 인간 기원과 원리상 양립 가능하다는 이론을 제시했다. 그들은 종교적 관계와 생물학적 역사를 극명히 구분짓는다. 이에 대한 대답으로, 우리는 위의 주장을 최소한 이론상으로는 인정할 수 있다. 즉, 하나님께서 인간을 지으신 방식으로 제시될 만한 여러 생물학적 설명이 이론상으로는 인간이 하나님의 형상에 따라 지음 받았다는 (창 1:26-27) 보편적 원리와 양립할 수 있다. 그러나 창세기 2:7과 2:21-22은 더 구체적인 사항을 다룬다. 이 절들은 그 속한 문맥이 그러하듯 인간이 하나님과 맺는 종교적 관계를 언급한다. 필자의 견해로는 이 본문이 인간의 창조 과정에 대해 어떤 함의도 갖지 않는다는 해석은 잘못되었다. Poythress, *Redeeming Science*, 249-51을 보라.

왜 그런가?

또는 왜 그렇지 않은가?

③ 다윈주의는 인간의 중요성에 대해 주장할 수 있는가?

설계는 그럴 수 있는가?

왜 그런가?

9. 쓰레기 DNA
(JUNK DNA)

인간 DNA의 1.2%는 단백질로 변환(translate)되는 암호를 지닌다.[18]

그렇다면 나머지는 어떻게 되는가?

유전학자는 단백질로 변환되지 않는 DNA (noncoding DNA)를 발견했고, 다윈주의 틀이 이에 대한 설명을 제시했다. 비변환 DNA는 더 이상 기능하지 않는 부서진 진화 파편(broken evolutionary pieces)의 흔적, 즉 "쓰레

---

18 The ENCODE Project Consortium, "An Integrated Encyclopedia of DNA Elements in the Human Genome," *Nature* 489 (2012년 9월 6일): 71, http://www.nature.com/nature/journal/v489/n7414/pdf/nature11247.pdf (2012년 9월 25일 접속).

기"(junk) DNA라는 것이다.[19]

콜린스(Francis Collins)는 이 "쓰레기"를 두고 인간의 유전적 기원이 갖는 점진성에 대한 증거라 했다.[20]

그러나 이어지는 연구는 일명 "쓰레기"라 불리던 이 조각들이 여러 가지 긍정적 기능을 수행한다는 사실을 밝혀냈다. ENCODE 프로젝트[21]는 비변환 DNA를 체계적으로 정리하여 목록화하기 위해 많은 노력을 기울였고, 80퍼센트 이상의 비변환 DNA는 "적어도 하나 이상의 생화학적 기능을 수행한다"[22]라고 보도한

---

19 Jonathan Wells, *The Myth of Junk DNA* (Seattle: Discovery Institute Press, 2011), 19-27.

20 Francis Collins, *The Language of God*(New York: Free Press, 2006), 136-37. 여기서 언급되어야 할 것은 콜린스가 그리스도인이라는 사실이다. 따라서 그는 신적 목적이 있다고 믿는다. 더욱이, 그는 이제 생각을 바꾸어 쓰레기라는 용어를 더 이상 사용하지 않는다. Wells, *Myth of Junk DNA*, 99.

21 the "Encyclopedia of DNA Elements" projects; DNA 백과사전 프로젝트.

22 Magdalena Skipper, Ritu Dhand, and Philip Campbell, "Presenting ENCODE," *Nature* 489, 45(2012년 9월 6일), http://www.nature.com/nature/journal/v489/n7414/full/489045a.html(2012년 9월 25일 접속); 또 ENCODE Project Consortium, "An Integrated Encyclopedia of DNA". 이 이슈는 다음 글에서 더 깊이 다뤄진다.

다. ENCODE 프로젝트의 대표는 이를 근거로 **쓰레기**(junk) 라는 단어의 폐기를 요청했다.[23]

Casey Luskin, "Junk No More: ENCODE Project *Nature* Paper Finds 'Biochemical Functions for 80% of the Genome,'" *Evolutionary News and Views*, September 5, 2012, http://www.evolutionnews.org/2012/09/junk_no_more_en_1064001.html(2012년 9월 25일 접속). 게다가 많은 유전학자들이 생화학적 기능을 암호화 기능으로 좁혀 해석하려는 경향이 있음을 상기할 필요가 있다. ACGT의 서열은 다음 경우에 기능적이다. 그 서열이 기능을 가진 RNA로 변환될 경우, 그 서열이 "프로모터"(promoter)로 인정될 경우, 또는 인근 DNA의 합성에 영향을 끼치는 조절 영역(regulatory region)으로 인정될 경우. 그러나 이러한 기능에 더해 DNA는 "구조적" 기능을 수행할 수도 있다. 동원체(centromere)를 위해 중요한 환경을 조성하거나 스페이서(Spacer)로 기능하거나 DNA가 염색질(chromatin)로 접히는(folding) 과정에 영향을 끼칠 수 있다. Wells, *Myth of Junk DNA*, 62-63, 72-77.

23 Ewan Birney, Sephen S. Hall이 진행한 인터뷰에서 인용됨, "Journey to the Genetic Interior," *Scientific American* 307, 4(2012년 10월): 82.

※ 넘어가기 전에

① 비변환 DNA는 한 때 어떻게 이해되었는가? 이러한 관점은 왜 바뀌었는가?
② 위의 내용은 해석에 사용되는 틀에 대해 어떤 점을 보여주는가?

10. 틀의 기능
(THE FUNCTION OF THE FRAMEWORK)

다윈주의는 위기에 봉착했는가?

어떤 의미에서는 아니다. 다윈주의는 굉장히 유연한 틀이 되어버렸기 때문이다.

게놈의 98%가 기능하지 않는다?

아무 문제 없다. 다윈주의적 진화가 지저분하다는 것을 보여줄 뿐이다.

게놈의 80%가 기능한다?

이 경우도 아무 문제가 안 된다. 자연선택과 돌연변이 그리고 DNA 재배열이 얼마나 효율적으로 탁월한 적합성과 복잡한 기능성을 만들어 내는지 보여줄 뿐이다.

수많은 증거가 다원주의적 틀과 맞아 떨어진다. 틀 자체가 백 년을 넘게 온갖 증거를 수용할 수 있도록 진화해왔기 때문이다.[24] 틀의 침투능력은 사람들로 하여금 충분한 거리를 두고 핵심적인 질문을 하도록 내버려 두지 않는다.[25]

우리가 지배적인 추정들에 대해 회의(Skepticism)해야 하는가?

틀에 대해 통째로 의심받아 마땅한지 질문해야 하는가?

실제로 문제를 포착하는 사람은 소수다.

노벨상 수상자 로플린(Robert B. Laughlin)은 다음과 같이 불평한다.

---

24 성경적 근거 위에 세워진 기독교적 틀도 여러 종류의 생물학적 데이터를 유연하게 수용할 수 있다. 차이는 기독교적 틀은 수용의 근거를 생물학에서 찾는 것이 아니라 성경의 증언과 역사와 하나님에 대한 우주적인 증거에서 찾는다는 점이다(롬 1:18-25).

25 비판에 대한 이데올로기적 금기도 존재한다. Lennox, *God's Undertaker*, 94-96, 99.

그러나 가장 중요한 것은 [고체 물리학의 대중 행동(mass behavior)에서 등장하는] 이러한 필연적 추론(corollaries)의 존재가 오늘날 대부분의 지식이 이데올로기적이라는 우려를 불러 일으킨다는 것이다. 아무 영향력도 없고 재현을 통해 증명될 수도 없는 설명은 이데올로기적 사고방식의 핵심 증상 중 하나다.

나는 이러한 논리의 막다른 길을 반이론(anti-theories)이라 부른다. 이들은 실제 이론과는 정반대의 결과를 초래하기 때문이다. 반이론은 사고를 자극하기보다 멈추게 한다.

가령 다윈(Charles Darwin)이 원래 위대한 이론이라 여겼던 자연선택적 진화는 최근 들어 반이론적 성격을 띠게 되었다. 이제 진화론은 부끄러운 실험적 결점을 덮기 위해, 또 잘해봤자 의심스럽고 심각할 경우 틀리기까지 한 발견을 정당화하기 위해 소환되고 있다.

당신의 단백질이 대중 행동의 규칙(laws of mass action)에 반(反)한다면?

진화의 결과다!

당신이 갖고있던 복잡한 화학반응의 덩어리가 닭으로 변신한다면?

이것도 진화다!

인간의 뇌가 어떤 컴퓨터도 모방하지 못할 논리 원칙에 따라 작용한다면?

진화가 그 원인이다!

가끔 들려오는 바에 따르면 생화학은 사실(fact)에 기반한 학문이라 이론을 필요로 하지도 반기지도 않는다고 한다.

틀린 주장이다.

실험을 세우려면 이론이 필요하다. 생물학에는 수많은 이론이 있다. 단지 공적으로 논의되거나 검토되지 않을 뿐이다. 자신에게 이론적 편견이 없다고 주장하는 다윈주의는 겉보기에 기품 있게 보일지 모르지만, 사실상 기발하게 변장된 반이론이다.

거짓을 제거하기 위해서는 반드시 논리적 밀도가 필요하다. 반이론의 실제적 기능은 바로 이 필요성을 회피하는 것이다.[26]

---

[26] Robert B. Laughlin, *A Different Universe: Reinventing Physics from*

기본적인 문제 중 하나는 바로 점진주의가 이론 속에 내재(built-in)되었고 더 이상 이의를 제기할 수 없는 추정이 되어버렸다는 것이다. 점진주의를 고수하기 어려운 상황에서 다윈주의는 다른 종류의 확증적 증거를 들먹이면서 이 어려움을 덮어버린다. 그러면서 이 이론이 아주 잘 세워진 이론(결국은 "사실")이라고 상대방을 안심시키려 한다.

현재의 최종 형태를 고려했을 때 이 형태에 이르는 점진적인 길 또한 있어야 하지 않겠냐고 주장하며,[27] 우리가 갖고 있는 정보가 많아지기만 하면 이러한 어려움은 금방 사라질 것이라 확언한다.

과학자들은 현재의 과학 이론을 신뢰한다. 그리고 많은 경우 그 신뢰는 보장된다. 그러나 이러한 신뢰는 믿음의 한 형태이며, 이 믿음을 공유하지 못하는 이들을 비난하는 것은 현명하지 못하다.

---

the Bottom Down(New York: Basic Books, 2006), 168-70.

27 Lennox, *God's Undertaker*, 112.

※ **넘어가기 전에**

① 유연한 해석의 틀은 어떤 문제점을 동반하는가?

　다원주의의 경우 어떠한가?

　어떤 점에 있어 다원주의는 유연하지 **못**한가?

② 과학이라는 학문의 영역에서 "비신자"들을 비난하는 것은 왜 현명하지 못한가?

　이들은 과학 연구에 어떤 도움을 줄 수 있으며, 어떤 방해가 될 수 있는가?

11. 비기능성이 중요한가?
(DOES NONFUNCTIONALITY MATTER?)

자, 그렇다면 논의를 위해 한번 더 가정해보자.

만약 인간 게놈의 98%가 생화학적으로 비기능적이라 했을 때 이 사실이 인간의 본성이나 기원을 이해하는 데 결정적 단서가 되는가?

아니다.

우리는 하나님의 생각을 알 수 없기 때문이다. 비기능성은, 만약 그것이 존재한다면, 여전히 해석되어야 하는 대상이며 해석을 위해서는 틀이 필요하다. 이미 살펴본 바와 같이 우리가 활용할 수 있는 틀은 하나만이 아니다.

만약 틀이 다원주의라면, 비기능성은 다원주의가

주장하는 진화의 무목적성을 뒷받침하게 된다. 만약 성경에서 반복적으로 나타났듯이 틀이 하나님의 섭리적 통치를 인정한다면, 우리가 분별할 수 있든 없든 비기능성 속에는 하나님의 목적이 담겨있는 것이다.

하나님의 역사 방식 중 상당수가 우리의 이해를 뛰어넘는다. 우리가 하나님의 의도와 목적을 찾지 못한다 해서 그것들의 존재를 부정하는 것은 비약이다.

더구나 성경은 인간 창조에 대해 가르치면서 우리에게 적어도 하나의 목적을 가능성으로 제시한다. 바로 연대성이다. 인간은 통치자임과 동시에 그가 통치하는 동식물과 연대성을 갖도록 지음 받았다. 연대성은 광범위할 수 있다.

만약 DNA의 일부에는 생화학적 기능이 없다고 증명된다 치자.

그렇다 해도 그 일부는 인간의 타락을 상기시켜 주는 흔적으로 작용할 수 있다. 또는 타락 전의 피조물, 즉 선한 피조물은 더 좋은 것으로(새 하늘과 새 땅[계 21:1]) 향하는 시작점임을 기억나게 할 수도 있다.

따라서 우리가 (순전히 논의를 위해) 좁은 생화학적

관점에서 대량의 DNA가 비기능적인 세상을 가정한다 할지라도, 하나님께서는 완전히 다른 차원에서 그 DNA에 "기능"을 부여하실 수 있는 것이다.

연대성의 표시일 수도 있고 타락을 기억하게 하는 것일 수도 있으며 미래에 대한 희망의 증표일 수도 있는 것이다. 우리가 좁은 영역 안에서 어떠한 기능을 찾지 못한다 해서 하나님의 목적이나 목적의 부재에 대해 확고히 결론지을 수 없다. 이는 주제 넘는 행동이 될 것이다.

※ 넘어가기 전에

① 어째서 인간 게놈에 대한 완전히 다른 (가상의) 사실의 집합조차 인류의 기원에 대한 결정적 단서를 제공하지 못하는가?
우리가 살펴본 두 가지 틀은 이 사실을 각각 어떻게 해석하는가?

② 사람은 하나님의 목적에 대해 어떤 확언을 할 수 있는가?

12. 최소 인구 병목
(THE MINIMUM-POPULATION BOTTLENECK)

인구 규모에 대한 논의 또한 살펴볼 필요가 있다. 인류 가운데 존재하는 유전적 다양성에 대한 연구 위에 세워진 주장이 있다.

통계적 분석에 의하면 인류의 기원은 결코 한 쌍이 아닌 더 큰 규모였을 것이다. 대략 5,000에서 10,000이라는 수치가 인류의 조상들이 경험했을 "병목"에 대해 종종 언급되는 최소 수치다.

("병목"이란 어떤 집단의 규모가 일시적으로 작은 수로 줄어드는 시기를 말한다. 기근이나 전염병 또는 자연재해가 갑자기 수많은 목숨을 앗아갈 때 발생할 수 있다.)

예로, 1994년 아얄라(Francisco Ayala) 외 몇 명에 의

해 진행된 연구는 "동시대 종이 공유하는" 다형현상(정렬된 DNA 염기서열 사이에 존재하는 다양한 변형)에 초점을 맞췄다.[28] 그들은 다형 현상이 둘 이상의 종에 의해 공유되고 있었기에 이 현상은 공통된 조상 집단에서 전해져 내려온 것이라 생각했다.

그리고 이 공통 조상의 집단은 종의 경계를 넘어 일치하는 DNA 염기서열의 모든 변형을 담을 만큼 컸을 것이라 여겼다. 논문은 어떤 인구 병목도 "몇 천의 개인"을 포함하고 있었을 것이라고 추정한다.[29]

※ 넘어가기 전에

① 병목이란 무엇인가?

인구 규모의 최소수치로 얼마를 잡는가?

---

[28] Francisco J. Ayala et al., "Molecular Genetics of Speciation and Human Origins," *Proceedings of the National Academy of Science USA* 91, 15 (July 19, 1994): 6787, http://www.ncbi.nlm.nih.gov/pmc/articles/PMC44284/?tool=pubmed (2012년 9월 26일 접속).

[29] Ibid.

② 다형현상은 무엇인가?

연구가들은 종들이 공유하는 다형현상이 상당히 큰 공통 조상 집단을 가리킨다고 생각한다.

왜 그런가?

연구의 결과는 인상적인 듯하다. 그러나 문제 또한 존재한다. 아얄라의 연구가 집중한 게놈 영역은 주요 조직 적합 유전자 복합체(major histocompatibility complex - MHC)라는 면역 반응과 관련된 영역이다.

이 영역은 여타 영역보다 훨씬 빨리 변하는데, 인간이든 다른 동물이든 자신의 면역체계를 기생충, 박테리아 등의 침략자로부터 방어하고 이와 같은 새로운 도전에 적응시켜야 하기 때문이다.

더욱이 새로운 위험이 빠른 속도로 인간과 동물을 동시에 덮칠 경우 이에 대한 반응으로 둘 이상의 종이 MHC에서 유사한 변화를 보일 수 있다. 즉, 서로 다른 종의 MHC에서 일어난 변형이 갖는 유사성은 급속한 공통의 도전에 기인할 수도 있다.

2006년의 한 논문은 MHC 증거를 재검토하면서

다음과 같이 결론 짓는다.

> 대부분의 MHC 다양성은 '새로이'(de novo) [인간이라는 종 내에서] 생성된 것이며, 애초에 생각했던 것과 달리(Figueroa 외 1988; Lawlor 외 1988) 종을 초월한 유전(inheritance)의 결과가 아니다. 여태껏 MHC에 대한 자료는 인구 및 진화 유전학에 관한 대부분의 데이터와 충돌해 왔다. 이번 연구의 결과 이 갈등은 해소되었다.
>
> 후자는 원래 인간 종이 기원하는 시점에서 좁은 병목이 일어났음을 [!] 확고히 결론 짓는다(Cann 외 1987; Hammer 1995). 이는 한 종에서 다음 종으로 대량의 대립형질이 흘러 들어갔다고 주장하는 종-초월 가설(trans-species postulate (Ayala 외 1994)과 모순되는 것이다.[30]

---

[30] Takashi Shiina et al., "Rapid Evolution of Major Histocompatibility Complex Class 1 Genes in Primates Generates New Disease Alleles in Humans via Hitchhiking Diversity," *Genetics* 173(July 2006): 1569; 또 Ann Gauger, Douglas Axe, and Casey Luskin, *Science and*

위의 인용문은 1994년 발표된 아얄라의 논문을 언급하면서 이 논문이 얼마나 시대에 뒤떨어졌는지를 시사한다.

※ 넘어가기 전에

① 인간 게놈의 영역 중 어떤 영역이 다른 영역보다 빨리 변하는가?
왜 그런가?

② 아얄라의 논문이 발표된 지 12년 만에 MHC의 다양성에 대한 새로운 설명이 제시되었다.
어떤 설명인가?
새로운 설명은 왜 아얄라 추측보다 좁은 병목을 허용하는가?

Human Origins(Seattle: Discovery Institute Press, 2012), 105-22에 기재된 Ann Gauger, "The Science of Adam and Eve"를 보라..

베네마(Dennis Venema)는 인구의 규모와 관련된 증거를 몇 가지 인용하고[31], 테네사(Albert Tenesa) 외 몇몇이 발표한 논문은 연쇄불균형(linkage disequilibrium)을 분석한다.[32]

우리는 여기서 전문적 분석의 세부사항까지 모두 다룰 수는 없다. 테네사의 논문이 의존하는 추정은 변이와 염색체 교차(재조합)의 일정한 발생 빈도(constant rates)에 관한 것이다. 연구는 이러한 추정이 모두 옳다 치더라도 과거를 거슬러 탐구하는 데에는 실질적인 한계가 있음을 보여준다.[33]

---

[31] Dennis R. Venema, "Genesis and the Genome: Genomics Evidence for Human-Ape Common Ancestry and Ancestral Hominid Population Sizes," *Perspectives on Science and Christian Faith* 63, 3 (2010): 166-78, http://www.asa3online.org/PSCF/2010/08/20/genensis-and-the-genome-genomics-evidence-for-human-ape-common-ancestry-and-ancestral-hominid-population-sizes/(2012년 9월 26일 접속).

[32] Albert Tenesa et al., "Recent Human Effective Population Size Estimated from Linkage Disequilibrium," *Genome Research* 17 (2007): 520-26, http://genome.cshlp.org/content/17/4/520 (2012년 9월 26일 접속).

[33] "r^2을 쌍으로⋯5kb에서 100kb 떨어져 있는 SNP쌍에 대해서만 계산했다⋯거리가 더 가까운 SNP에서 관찰되는 LD에 유전자 변환이 끼

염색체상의 서로 다른 지점 중 위치가 가까운 것의 상관관계를 바탕으로 얻어진 정보를 활용하면, 상대적으로 더 먼 과거까지 거슬러 올라갈 수 있다. 그러나 이러한 분석의 결과는 언제나 여러 세대의 인구 규모에 대한 대략적 평균이다.

따라서 비아프리카 인구에 대한 3,100이라는 주요 수치(principle figure)와 아프리가 인구에 대한 7,500이라는 주요 수치는 여러 세대에 걸친 인구 규모의 평균치일 뿐이다.[34] 먼 과거에 그 규모가 두 명의 개인으로 급속히 감소했을 가능성에 대해 이 자료는 알려주는 바가 없다.

치는 영향을 피하기 위해서이다. [이러한 영향이 없었더라면 더 먼 과거까지 거슬러 올라갈 수 있을 것이다.]" Ibid., 521.

34 Ibid., 524.

※ 넘어가기 전에

① 연쇄불균형에 대한 분석은 인구의 규모에 대해 어떤 종류의 수치를 제공하는가?
이러한 분석을 통해 더 구체적인 정보를 얻을 수 있는가?

어떤 증거는 다음의 경우를 자료로 활용한다. 인간 DNA가 침팬지의 DNA보다 고릴라의 DNA와 일치율이 높은 경우이다.

베네마는 이러한 증거를 지지하는 두 개의 학술논문을 언급한다. 두 논문은 위의 유사성을 공통 조상의 존재로 설명할 수 있다고 보고 수학 모델(mathematical model)을 활용하여 인간과 침팬지의 공통 조상 집단의 최소 규모와 평균 규모를 추산한다.

이 중 하나는 52,000에서 96,000을 주요 수치로 제시

하고,³⁵ 다른 하나는 12,000에서 21,000을 제시한다.³⁶

이러한 수치를 가능하게 하는 추정이 모두 옳다고 치자. 그러면 이 자료들은 인간과 침팬지의 혈통이 최초로 갈라진 시점을 설명할 수 있다. 그러나 인간의 혈통이 갈라져 나온 후 뒤늦은 병목이 있었는가에 대해서는 어떤 직접적 주장도 하지 않는다.[37]

이러한 가능성을 열어 둠으로써 두 논문은 사실상 한 쌍으로 이루어진 병목의 가능성, 즉 아담과 하와의 가능성을 배제하지 않는다.

---

35 Feng-Chi Chen and Wen-Hsiung Li, "Genomic Divergences between Humans and Other Hominoids and the Effective Population Size of the Common Ancestor of Humans and Chimpanzees," *American Journal of Human Genetics* 68 (2001): 444-56, http://www.ncbi.nlm.nih.gov/pmc/articles/PMC1235277/(2012년 9월 27일 접속).

36 Ziheng Yang, "Likelihood and Bayes Estimation of Ancestral Population Sizes in Hominoids Using Data from Multiple Loci," *Genetics* 162, 4(2002): 1811-23, http://www.ncbi.nlm.gov/pubmed/12524351(2012년 9월 26일 접속).

37 사실 Chen과 Li는 뒤늦은 병목에 관한 이슈를 명시적으로 언급한다. "인간의 혈통은 침팬지의 혈통과 갈라진 후 유효집단의 크기에 있어 현저한 감소를 겪은 것으로 보인다." "Genomic Divergences," 455.

그러나 우리는 이 논문에 어떤 추정이 녹아있는지 면밀히 살필 필요가 있다. 논문은 인간 종이 순전한 점진적 과정에 의해 생겨났다고 추정한다. 그리고 여기에 몇 가지 추정을 덧붙여서 원인과 원침팬지가 최초로 갈라져 나온 시점의 평균적인 규모가 어땠을지 계산한다.

이러한 연구방식에는 설령 한 쌍으로 이루어진 뒤늦은 병목이 있었다 해도 그 병목이 순전히 점진적인 성격을 띠었을 것이라는 암시가 담겨있다. 핵심쌍(key pair)은 탄생과 성장이라는 일반적인 영장류의 단계를 거쳐 생겨났을 것이고 그들의 부모와는 점진적 측면에서만 차이가 났을 것이다.

결국 점진주의의 추정은 아담과 하와에 대한 성경적 가르침과는 다른 이해로 귀결된다.

하지만 중요한 것은 이러한 차이가 점진주의의 추정에서 유발되는 것이지 유전적 증거와는 아무 상관이 없다는 사실이다.

※ 넘어가기 전에

① 위의 논문은 어떤 추정 위에 기초하는가? 이 추정은 왜 성경과는 다른 인간 기원에 대한 이해에 이르는가?
유전적 증거가 이런 접근방식을 강요하는가?

② 만약 인간과 침팬지의 유사성을 공통조상으로 설명한다면, 이를 근거로 최초의 인구 규모에 대해 논의 가능한가?

또 어떤 논문은 오늘날의 사람 사이에 존재하는 유전적 다양성을 통해 먼 과거에 걸친 평균적인 인구수를 추산하려 한다. 이 논문은 10,000의 영역에서 아홉 가지의 추산을 제시한다.[38] 그러나 이 숫자는 여러

---

38 Zhongming Zhao et al., "Worldwide DNA Sequence Variation in a 10-Kilobase Noncoding Region on Human Chromosome 22," *Proceedings of the National Academy of Science of the USA* 97, 21 (2000년 10월 10일): 11354-58, http://www.ncbi.nlm.nih.gov/pmc/articles/

세대 동안 일정한 인구 규모가 유지되었음을 전제로 한다.[39]

이러한 수치는 사실상 오랜 시간에 걸친 대략적 평균을 제시할 뿐이지 기원이 되는 두 개인의 가능성에 대해서 알려주는 바는 없다.

PMC17204/(2012년 9월 26일 접속). 이 논문은 오늘날에 발견되는 인간의 유전적 다양성에 대한 자료를 활용하는 논문 중 하나다.

39 Ibid., 11355. 두 가지 모델이 사용된다.
  1) G.A. Watterson, "On the Number of Segregating Sites in Genetical Models without Recombination," *Theoretical Population Biology* 7 (1975): 257.
  2) Fumio Tajima, "Evolutionary Relationship of DNA Sequences in Finite Populations," *Genetics* 105 (1983년 10월): 438, http://www.ncbi.nlm.nih.gov/pmc/articles/PMC1202167/(2012년 9월 26일 접속)..

※ 넘어가기 전에

① 위에서 설명한 논문을 모두 고려할 때, 이 증거를 바탕으로 결론을 도출할 수 있는가?

가능하다면 왜 가능한 것이고 불가능하다면 왜 불가능한 것인가?

우리는 이 연구를 통해 무엇을 알게 되는가?

13. 아담과 하와는 얼마나 오래 살았는가?
(HOW LONG DID ADAM AND EVE LIVE?)

집단 유전학 연구는 인류의 역사가 길었을 것이라 주장한다. 여러 논문에서 40,000년, 100,000년등의 수치가 등장한다.

우리는 이 거대한 수치를 어떻게 평가해야 할까?

이 수치는 수학 모델을 근거로 추산된 것이다. 그리고 이 수학 모델은 과거에 대한 추정에 의존한다. 수학 모델은 과거가 현재와 같아서 변이나 다른 유전적 현상이 예나 지금이나 동일한 빈도로 발생하고 있다고 가정한다.

만약 우리가 성경의 가르침을 받아들인다면 이러한 가정에 대해 조심스러워질 수 밖에 없다. 물론 가정은 참일 수도 있다. 그러나 같은 확률로 거짓일 수도 있다. 타락이 낳은 저주는 인류에게 광범위하게 그리고 여러 세대에 걸쳐서 영향을 끼쳤을 수도 있다.

추가로 우리는 성경의 (창세기 5장과 10장에 처음 등장하는) 족보 속에 주어진 정보를 이해하려 노력해야 한다.

연대기적 계산법으로 유명한 대주교 어셔(Ussher)는 창세기 5장과 10장에 나타나는 주요 계보에 어떠한 간격(gap)도 없다고 가정했다. 즉, 세대와 세대 사이에 어떤 이름도 생략되지 않았다는 것이다. 그는 이 추정을 통해 창조 시기를 기원전 4004년으로 계산하기에 이른다. 그러나 성경 어디에도 계보 중간중간에 간격이 없다는 말은 없다.

더욱이 마태복음 1:2-16에 나타나는 계보는 웃시야의 이름을 요람 바로 뒤에다 배치한다(8절). 이 때 역대하 22-25장에 기록된 아하시야, 요아스, 아마샤 즉, 웃시야와 요람 사이에 있는 모든 세대가 생략된 것이다. 마태복음 1:8에 "간격"이 있는 것이다.

그린(William Henry Green)은 성경의 계보에 대한 방대한 분석 끝에 성경이 간격을 포함할 가능성이 있다고 결론짓는다.[40] 그리고 만약에 정말 그렇다면 우리는 어셔의 절차에 따라 계보에 나타난 연도를 더하는 것으로 아담과 하와의 창조 날짜를 구할 수 없다. 성경은 우리에게 창조가 언제 일어났는지 알려주지 않는다. 아담과 하와는 훨씬 이전에 살았을 것이다.[41]

---

[40] William Henry Green, "Primeval Chronology," *Bibliotheca Sacra* 47 (1890): 285-303.

[41] 창 4:2은 가인과 아벨을 농사꾼과 양치는 목자로 묘사한다. 어떤 해석가는 고고학적 자료에 근거해서 이 본문이 신석기 시대(기원전 10,000년경)를 가리킨다고 주장한다. 그러나 가인과 아벨은 그 이전에 살았을 수도 있다. 그들이 농경 생활에 첫 발을 내디뎠으나 죄의 결과 잇따른 인구의 감소로 인해 그 유산이 상실된 것일 수도 있다. 창 4-5장에 대한 수많은 열린 해석이 존재한다. 이러한 해석에 관하여 참고할 수 있는 주석도 수없이 많다. Derek Kidner는 자신의 저서에서 족보에 대해 간단명료하게 논한다. Kidner, *Genesis: An Introduction and Commentary* (London: Inter-Varsity Press, 1967), 82-83.

※넘어가기 전에

① 과거의 인구 규모에 대한 수학 모델에는 어떤 추정이 녹아있는가?
이 추정은 왜 위험한가?

② 대주교 어셔는 어떤 추정을 통해 창조 일자를 계산했는가?
이 추정의 오류를 증명하는 증거는 무엇인가?
이러한 사실은 성경을 통해 지구의 나이를 측정하려는 시도에 대해 어떤 생각을 갖게 하는가?

14. 분석의 세 가지 측면
(THREE SIDES TO THE ANALYSIS)

아담과 하와에 관한 문제는 몇 가지 이유에서 도전적이다. 한 예로, 영장류와 기타 생명체의 유전 정보에 대한 연구가 굉장한 속도로 진행 중에 있다.

초기 단계에서는 굉장히 흥분될 정도로 확고부동하게 보였던 결론도 뒤에 가서 수정될 수 있다. 우리는 인내심을 가지고 이러한 연구를 평가해야 한다.

급속히 불어나는 연구 속에서 과학의 이름으로 만들어진 대중적 주장은 다음 세 가지 결함 중 하나에 빠지기 쉽다.

(1) 이들은 증거가 의미하는 바를 지나치게 부풀리거나 과장할 수 있다.
(2) 전문적 연구의 중요성을 오해할 수 있다.
(3) 처음부터 순전히 점진적인 진화 원리를 가정해 놓고 분석을 시작하여 끝없는 순환논리에 빠질 수 있다.

추가적으로, 아담과 하와를 둘러싼 문제에는 몇 가지 차원이 있다. 우선 과학적인 차원이 있는데, 옛 인류의 뼈[42]나 DNA 유사성, 집단 유전학에 대한 과학적 사고가 아담과 하와의 존재를 묵살하려 하기 때문이다.[43] 우리는 지면의 대부분을 이 과학적인 측면에

---

42 화석을 어떻게 평가하는지에 대해서는 다음을 참조하라. Gauger, Axe, and Luskin, *Science and Human Origins*, 45-84에 수록된 Casey Luskin, "Human Origins and the Fossil Record"; Bloom, "On Human Origins: A Survey."

43 주류 미디어가 하는 주장에 대한 비평과 관련해서는 다음 웹사이트를 참조할 수 있다. "Evolution News and Views," http://www.evolutionnews.org; 또 "Reasons to Believe," http://www.reasons.org. 이 사이트들은 현재 활동 중이다.

할애했다.

그러나 성경 해석방법의 차원도 존재하며 살펴볼 필요가 있다. 성경에는 아담과 하와를 따로 언급하거나 같이 언급하는 본문이 다양하게 존재한다. 성경이 이런 본문을 통해 우리에게 무엇을 가르치려 하는지는 중요한 문제다.[44]

신학적 차원도 있다. 신학은 성경의 가르침을 통째로 요약한다. 그리고 성경이 기독교에 대한 우리의 이해에 대해 어떤 의미를 갖는지, 또 인간으로서 우리 자신을 이해하는 데에 어떤 의미를 갖는지(우리는 정말 전 인류를 덮는 보편적 죄악을 낳은 하나의 죄, 그 죄를 지은 아담의 후손인가?), 우리 삶에서 어떤 의미를 갖는지 탐구한다.[45]

---

[44] Versteeg, *Adam*; C. John Collins, *Genesis 1–4: A Linguistic, Literary, and Theological Commentary* (Phillipsburg, NJ: P&R Publishing, 2006).

[45] 다음을 보라. Richard B. Gaffin Jr., "Translator's Foreword," in Versteeg, *Adam*, ix–xxv.

※ 넘어가기 전에

① 대중적인 과학적 주장이 빠지기 쉬운 오류 세 가지는 무엇인가?
이러한 오류를 만났을 때 어떻게 식별할 수 있을까?

② 아담과 하와에 관한 이슈가 여러 차원을 갖는다 했을 때 어떤 차원을 말하는가?
그렇다면 아담과 하와의 역사성, 기원, 창조시기 등에 관한 담론에 어떻게 접근해야 하는가?

15. 헌신
(COMMITMENTS)

나는 그리스도를 따르는 사람이다. 따라서 이 이슈에 대해 종교적으로 중립적인 입장을 취하지 않는다.[46] 그러나 사실 중립적인 사람은 그 어디에도 없다. 과학 자체가 과학에 앞선(prescientific) 믿음이나 신뢰 없이는 수행될 수 없다.[47] 예로, 과학자는 다음을 믿는다.

---

46 Vern S. Poythress, "Evaluating the Claims of Scientists," New Horizons (2012년 3월): 6-8, http://www.opc.org/nh.html?article_id=739 (2012년 9월 26일 접속); 다음에서도 찾아볼 수 있다. http://www.frame-poythress.org/wp-content/uploads/2012/05/2012Evaluating.pdf (2012년 9월 26일 접속).

47 Michael Polanyi는 개인적 헌신의 요소를 상세히 분석한다. *"Personal Knowledge: Towards a Post-Critical Philosophy* (Chicago: University

(1) 세상이 규칙성을 보인다고 믿는다.
(2) 인간의 정신이 이러한 규칙성을 파악해 낼 만큼 거기에 익숙(attuned)하다고 믿는다.
(3) 세상에 대한 탐구와 세상이 갖는 규칙성에 대한 실험이 도덕적으로 아무런 문제가 되지 않는다고 믿는다.
(4) 세상에 대한 탐구 내용, 발표 그리고 결론에 대해 과학자는 반드시 솔직해야 하며 또 대부분이 솔직하다고 믿는다.

우리는 과학자가 대체적으로 공식화한 과학 법칙과 "실제 세상"(out there)의 실질 법칙을 구별할 수 있다. 후자가 바로 과학자가 연구를 시작하기도 전에 이미 믿고 있는 규칙성의 체계(regularity system)다.

필자는 다른 글에서 이 실질적인 법칙이 하나님께서 세상을 다스리시는 당신의 말씀이라 논증한 바 있

---

of Chicago Press, 1964).

다.[48] 사실 모든 과학자가 하나님께 의존하는 것이다.

그러나 현대의 세속적 환경 속에서 많은 과학자가 하나님을 비인격적인 법칙, 즉 단순한 우주적 메커니즘에 불과한 법칙으로 대체하려고 시도한다.

이러한 견해의 차이는 학문적 차원을 넘어서 영향력을 행사한다. 만약 법칙이 비인격적이고 기계적이면, 인간에 의해 관찰되는 규칙성에는 예외가 있을 수 없다.

반대로, 만약 인격적인 하나님이 세상을 통치하신다면 그분의 인격적 목적은 여러 차원을 가질 수 있다. 하나님께서는 신실하게 통치하시고 이 신실하심이 규칙성으로 이어지는 것이다. 동시에 그분은 사람과 인격적인 관계를 맺는다.

그리고 이러한 인격적인 개입과 헌신이 특별한 목적을 동반하는 특별한 역사로 나타날 수 있다. 만약 하나님께서 예외적으로 역사하기를 원하신다면 누구도 그분을 막을 수 없다.

---

[48] Poythress, *Redeeming Science*, esp. chap. 1.

※ 넘어가기 전에

① 과학자가 행하는 과학에 선행되는 추정은 무엇인가?
이 추정은 합리적인가?
어째서 합리적이라 할 수 있는가?
또는 어째서 합리적이지 않다고 할 수 있는가?

② 과학자가 공식화시킨 법칙과 실제적인 "규칙성의 체계"는 어떻게 다른가?

③ 인격적인 법칙과 비인격적인 법칙의 차이는 무엇인가?
이것이 과학에 대하여 갖는 함의는 무엇인가?
법칙이 인격적이라면 세상의 사태를 어떻게 바라봐야 하는가?

16. 인간 창조 이해하기
(UNDERSTANDING THE CREATION OF HUMAN BEINGS)

하나님의 개입에 대한 이런 관점은 아담과 하와에 연관시킬 수 있다. 세상을 어떻게 창조하실지는 온전히 하나님께 달려있다. 하나님이 주권자시다. 하나님께서 하나하나 지정하신 법칙을 과학자들이 후대에 탐구하는 것이다.

그분은 절대로 자신이 세운 법칙에 갇히는 죄수나 피해자가 아니다!

하나님께서 원하시면 얼마든지 새로운 종을 지으실 수 있다. 점진적 과정으로 그러실 수 있고, 마찬가지로 유일무이한 방식을 통해 창조를 하실 수도

있다.[49]

하나님께서는 우리를 인도하기 위해 성경을 주셨다. 이 인도하심은 우리가 인간으로서 자신을 어떻게 이해해야 하는지 가르쳐 준다. 또 죄가 하나님께 대한 반역이며 원래 선했던 창조상태의 붕괴라는 사실도 가르쳐 준다.

가장 중요한 것은 이 인도하심이 좋은 소식을 담고 있다는 것이다. 죄의 구덩이로부터의 구원이 그리스도를 통해 완수되었다. 만약에 우리가 성경에 나타난 하나님의 목적을 이런 식으로 이해한다면,[50] 우리는 하나님께서 아담과 하와에 대해 말씀하실 때 믿을 만한 이야기를 주셨으리라 확신할 수 있다.

그들은 존재했으며 특별하게, 즉 "하나님의 형상대로" 창조되었다. 아담의 범죄로 인해 우리 모두

---

[49] 다양한 생명의 탄생이라는 더 넓은 주제에 대해서 알아 보려면 다음을 참조하라. Ibid., chap. 18; 하와의 창조에 대해 보려면 Ibid., 249-51을 보라.

[50] 성경적 권위와 목적에 대한 논의는 당연하게도 수없이 많다. 특히 다음을 보라. John Frame, *The Doctrine of the Word of God*(Phillipsburg, NJ: P&R Publishing, 2010).

가 죄 아래 놓이게 되었고(롬 5:12-21; 고전 15:21-22), 구원을 위해 그리스도 앞으로 나와야 한다.

※ 끝으로

① 우리는 흔히 과학적 문제라 치부되는 질문에서 출발했다. 그러나 과학은 이 이슈에 대해 실질적으로 무엇을 알려줄 수 있는가?

② 다윈주의 틀은 어떤 점에서 유연한가?
설계적 틀은 어떤 점에서 유연한가?
하나의 틀이 다른 틀보다 더 탄탄한 내적 일관성을 보이는가?
만약 그렇다면 왜 그런가?
그리고 어떻게 그럴 수 있는가?

③ 이 소책자를 통해 어떤 증거를 살펴보았는가?
이 증거에 대한 해석 중 설득력 있게 다가온 것

이 있었는가?

무엇이 그 해석을 설득력 있어 보이게 만들었는가?

이 해석은 어떤 추정을 했는가?

④ 우리가 과학적인 주장을 살펴볼 때 염두에 두어야 할 것은 무엇인가?

우리는 어떤 질문을 해야 하는가?

이러한 연구에 "종교적" 질문이나 답을 끌어들이는 것이 적절한가?

왜 그런가?

또는 왜 그렇지 않은가?

* 더 읽을 책 (FOR FURTHER READING)

Bloom, John. "On Human Origins: A Survey." *Christian Scholars Review* 27, 2 (1997): 181-203. 유사한 논문이 인터넷상에 존재한다. http://www.asa3.org/ASA/education/origins/humans-jb/htm(2012년 9월 26일 접속).

Collins, C. John. *Genesis 1-4: A Linguistic, Literary, and Theological Commentary*. Phillipsburg, NJ: P&R Publishing, 2006.

_____. *Science & Faith: Friends or Foes?* Wheaton, IL: Crossway, 2003

Gauger, Ann, Douglas Axe, and Casey Luskin. *Science and Human Origins*. Seattle: Discovery Institute Press, 2012.

Green, William Henry. "Primeval Chronology." *Bibliotheca Sacra* 47 (1890): 285-303.

Kuhn, Thomas S. *The Structure of Scientific Revolutions: 50th Anniversary Edition*. 4th ed. Chicago: University of Chicago Press, 2012.

Poythress, Vern S. "Evaluating the Claims of Scientists." *New Horizons* (March 2012): 6-8, http://www.opc.org/nh.html?article_id=739 (2012년 9월 26일 접속). 다음에서도 찾아볼 수 있다. http://www.frame-poythress.org/wp-content/uploads/2012/05/2012Evaluation/pdf (2012년 9월

26일 접속).

―――. *Redeeming Science: A God-Centered Approach*. Wheaton, IL: Crossway, 2006.

Versteeg, J.P. *Adam in the New Testament: Mere Teaching Model or First Historical Man?* Translated and with foreword by Richard B. Gaffin Jr. 2d ed. Phillipsburg, NJ: P&R Publishing, 2012.

Wells, Jonathan. *The Myth of Junk DNA*. Seattle: Discovery Institute Press, 2011.

최신 뉴스

http://www.discovery.org

http://www.evolutionnews.org

http://www.reasons.org

といい # 아담은 역사적 인물인가?
(Did Adam Exist?)

추천 도서

개혁신학 vs. 창조과학

윤철민 지음 | 신국판 무선 | 246면

본서는 창조과학은 단순한 과학적 입장 이상이라는 주장을 한다. 저자는 창조신앙에 대한 성경본문에 대해 알고 싶은 이들과 창조과학의 성경해석이 과연 개혁주의 전통과 어울릴 수 있는지 궁금한 사람들을 위해 쉽게 서술한 책이다.

아담의 진화

피터 엔즈 지음 | 장가람 옮김 | 신국판 양장 | 359면

저자는 단순히 진화론을 수용하자는 것이 아니다. 그는 아담에 대한 우리의 관점이 진화되어야 한다고 역설한다. 본서는 아담에 대한 새로운 각도의 이해를 독자들에게 전달하고 있다.

과학 신학 탐구

앨리스터 E. 맥그래스 지음 | 황의무 옮김 | 신국판 무선 | 364면

본서는 과학과 신학의 대화 및 조직신학과 역사신학 분야에 실제적이고 탁월한 기여를 하는 책으로 저자는 본서에서 다윈의 진화모델을 사용하여 교리적 발전을 설명할 수 있는가에 대한 획기적이고 광범위한 비판을 시도한다.

아담의 창조

J. P. 베르스티그 지음 | 우성훈 옮김 | 신국판 양장 | 160면

아담은 단순히 교수 모델인가 최초의 역사적 인물인가? 성경은 아담을 역사적 인물로 기록하고 인류사가 그로부터 시작되었다고 말하는가? 『아담의 진화』(CLC)와 시리즈로 출간된 본서는 개혁주의 보수진영의 답변을 들려준다.

아담은 역사적 인물인가?

Did Adam Exist?

2018년 3월 15일 초판 발행

지 은 이	번 S. 포이트레스(Vern S. Poythress)
번 역	김희범
편 집	변길용, 권대영
디 자 인	노수경
펴 낸 곳	개혁주의신학사
등 록	제21-173호(1990. 7. 2)
주 소	서울시 서초구 방배로 68
전 화	02) 586-8761~3(본사) 031) 942-8761(영업부)
팩 스	02) 523-0131(본사) 031) 942-8763(영업부)
홈페이지	www.clcbook.com
이 메 일	clckor@gmail.com
온 라 인	기업은행 073-073466-01-010, 예금주: 개혁주의신학사

ISBN 978-89-7138-064-2 (03400)

* 낙장·파본은 교환해 드립니다.

이 도서의 국립중앙도서관 출판시 도서목록(CIP)은 서지정보유통지원시스템 홈페이지(http://seoji.nl.go.kr)와 국가자료공동목록시스템(http://www.nl.go.kr/kolisnet)에서 이용하실 수 있습니다.
(CIP제어번호: CIP2018003784)